詞品乙

民國二十七年五月初

三

建國於自由平等非建國於雜霸功利雜

霸功利歐禍蔓延不可已中國數千年

神聖之教不受爾汝之義根於心以之抗

敵卽以之建國不受爾汝之義忠於己曰

自由恕於人曰平等以之建國卽以之大

同致太平世世界先導師產生毋今中國

也宜知是時寧用終日夫以不受爾汝之

忠爲自由則必不以縱橫恣睢吾不違

爲自由也必以不受爾汝之恕爲平等則

必不以均勢分利各霸一隅爲平等也有

詞品乙

敘

一

自由平等之心然後有自由平等之行有

自由平等之行然後有自由平等之果福

生有基禍生有胎植種不純趨勢演繹曰

尋干戈安所望於歆利食德無自由平等

之行而得自由平等之果者未之有也見

君羣龍無首吉是故舜以不得禹皋陶爲己

憂舜視五臣皆爲舜之才皆爲舜事是爲五

舜五舜皆爲一舜乃可無爲若以一爲

五皇局小康苟簡自用上行下效捷於影

響斯割據囂然凌駕競起民亦各有其家

各利其利四億五千封建國制有何公益

無自由平等之心而能自由平等之行者
未之有也夫所謂自由平等之心者何耶
天下何思何慮由仁義行非行仁義者孔
子之教也息其煩擾惱亂而現其寂滅寂
靜者釋氏之教也順化也息機也不事安
之心也相貌難言詩人言者取酒取嬾夫
排大公無我夫然自然也此則自由平等
所取以酒者忘機天籟之是取非沈酒昏
昧之是取也而所取以嬾者不事安排之
是非消極廢事之是取也昏昧廢事則
爾汝甘受有何人性以視雜霸且天上人

詞品乙　二

敘

聞不嫻斯意不能讀斯詞也抗敵以不受
爾汝之忠氣不憤悱不能忠詞品甲語悲
歌慷慨建國以不受爾汝之恕氣不和順
不能恕詞品乙語清淨幽閒非相違也而
相從也不嫻斯意不能讀是詞也人曰大
會真如超如孟如冶公德三佛心茂芳相
率遠至報之斯册公之天下黨亦邪家之
基歟。

民國二十八年三月歐陽漸敘於江津支
那內學院蜀院

派內學派宗派

基礎。

率教至辭世公之天下豈不派宗之
會責世賤政治政治公豈三義小宗世
附給也不關祺意祿不量長也人目大
不□皆受信□□□□間非朕敷也而
視教文中宗族不責非不□□□□悲
爾教國國之不受爾教之□□□□受
閒未嫉祺意豪木□祺信也也不受

<center>

論

論由己 二

爾教甘受育同人郏之脈蘇霸且天上人
是非宗賤賤事之君利賤事順
荊宗是賤而祺賤之賤者不事安甚之
祺賤習諧思慮天疑之賤非為面君
之心必咄然讓言者人言若賤賤賤夫
將大公無棄夫然自然也五順自然也
不之矮也思息其負慮而與其實賤而不賤
轉春譯只之途也勵不由之自息而不事
天下同思同慮由自由平等之心者
未之有也夫既由之義而非行之者
無自由平等之心面自由平等之言者也

</center>

丘處機　沁園春

贊頌佛

淨梵王宮太子殷勤雪山六期把世情我
熊絲毫斷念雲根水谷麻麥充饑芥納須
彌毛吞大海自古男兒見了悟時超生滅任
循環宇宙不管東西。圓成無得無知信
法界空空寂滅機又勿勞習定安禪作用
偷開終日打坐行治大理無時真功非相
動靜昏昏合聖規無高下但能般若總鎮
牟尼。

詞品乙

沁園春　六州歌頭

張煮翁　六州歌頭

尋梅

孤山歲晚石老樹槎牙邊仙去誰為主自
舒花破冰芽烏帽騎驢處近修竹侵荒蘚
知幾度蹋殘雪趁晴霞空谷佳人獨耐朝
寒峭翠神籠紗甚江南江北相憶夢魂奢
水繞雲遮思無涯。又苔枝上香痕沁么
鳳舞凍蜂銜蘂甌愣八月偏來照影橫斜瘦爭
些。好約尋芳客問前度那人家重呼酒摘
瓊朵插鬢鴉喚取春嬌扶醉休辜負錦瑟
年華怕流芳不待回首易風沙吹斷城笛。

朱敦儒　好事近

漁父詞

搖首出紅塵，醒醉更無時節。生計綠蓑青笠，慣披霜衝雪。　晚來風定釣絲閒，上下是新月。千里水天一色，看孤鴻明滅。

眼裏數閒人，只有釣翁瀟灑。已佩水仙宮印，惡風波不怕。　此心那許世人知，名姓是虛假。一櫂五湖三島，任船尖兒耍。

漁父長身來，只共釣竿相識。隨意轉船回櫂，似飛空無跡。　蘆花開落任浮生長醉，是良策。昨夜一江風雨，都不曾聽得。

詞品乙

好事近

撥轉釣魚船，江海儘為吾宅。恰向洞庭沽酒，卻錢塘橫笛。　醉顏禁冷更添紅，潮落下前磧。經過子陵灘畔，得梅花消息。

短櫂釣船輕，江上晚煙籠碧。塞雁海鷗分路，占江天秋色。　錦鱗撥刺滿籃魚取酒價相敵，風順片帆歸去，有何人雷得。

猛向這邊來，得箇信音端的。天與一綸釣綫，領煙波千億。　紅塵今古轉船頭，鷗鷺已陳跡。不受世間拘束，任東西南北。

綠泛一甌雲，罷住欲飛蝴蝶相對夜深花下，洗蕭蕭風月。　從容言笑醉還醒爭忍

二

便輕別八願主人留客更重斟金葉。

失卻故山雲散手指空爲客尊菜鱸魚留

我住鴛鴦湖側。偶然添舊葫蘆小醉

度朝夕吹笛月波樓下有何人相識。

深住小溪春好在柳枝桃葉風擔水軒人

韻數雙飛蝴蝶。日長時有一鶯啼蘭佩

爲誰結銷散舊愁新恨泛琴心三疊

酒畏浮名拘縛種成桃李一園花眞處

我不是神仙不會煉丹燒藥只是愛開瓏

怕人覺受卅現前活計且行歌行樂。

陳三聘好事近

詞品乙

三

好事近

我欲御天風飛上廣寒宮闕撼動一輪秋

桂照人間愁絕。歸來須著酒消磨玉面

點紅纖起舞爲君狂醉更何須邀月。

陸游好事近

歲晚喜東歸掃盡市朝陳跡揀得亂山環

處釣一潭深碧。賣魚沽酒醉還醒心事

付橫笛家在萬重雲外有沙鷗相識。

楊萬里好事近

七月十三日夜登萬花川谷望月作

月未到誠齋先到萬花川谷不是誠齋無

月隔一林修竹。如今總是十三夜月色

已如玉未是秋光奇絶。看十五十六。

朱敦儒卜算子

古澗一枝梅，免被園林鎖。路遠山深不怕寒，似共春相趓。

幽思有誰知，託契都難可。獨自風流獨自香，明月來尋我。

辛棄疾卜算子

聞李正之茶馬詠音

欲行且起行，欲坐重來坐。坐坐行行有倦時，更枕閒書臥。

病是近來身，嬾是從前我。淨掃瓢泉竹樹陰，且恁隨緣過。

詞品乙　　四

飲酒成病
飲酒不寫書

一箇去學仙，一箇去學佛。仙飲千盃醉似泥，皮骨如金石。不飲便康強，佛壽須千百八十餘年入涅槃，且進杯中物。

一飲動連宵，一醉長三日。廢盡寒溫不寫書，富貴何由得。請看塚中人，塚似當時筆。萬札千言只恁休，且進杯中物。

飲酒敗德

盜跖儻名丘，孔子如名跖。跖型丘愚直到今，美惡無真實。簡策寫虛名，螻蟻侵枯骨。千古光陰一霎時，且進杯中物。

一以我爲牛。一以我爲馬。人與之名受不

辭。善學莊周者。江海任虛舟。風雨從飄

瓦。醉者乘車墜不傷。全得於天也。

漫興

夜雨醉瓜廬。春水行秧馬。點檢田間快活

人。未有如翁者。掃禿兔毫錐。磨透銅臺

瓦。誰伴揚雄作解嘲。爲有先生也。

珠玉作泥沙。山谷量牛馬。試上嶤嶤丘壠

看誰是疆梁者。水浸淺深簷。山壓高低

瓦。山水朝來笑問人。翁早歸來也。

詞品乙

卜算子

五

劉克莊卜算子

海棠盛開遭風雨

瓦萬一朝廷舉力田。舍我其誰也。

中卻是封侯者。芸草去陳根。篢竹添新

千古李將軍。奪得胡兒馬。李蔡爲人在下

片片蝶衣輕。點點猩紅小。人道東君不惜

花。百種千般巧。朝見樹頭繁。暮見枝頭

少。人道東君解惜花。雨打風吹了。

趙可卜算子

明月在青天。借問今時幾但見宵從海上

來。不覺雲間墜。流水古今人共看皆如

此。惟願當歌對酒時。長照金尊裏。

蘇軾卜算子

惠州有溫都監女。頗有色。年十六不肯嫁人。聞坡至。甚喜。每夜聞坡諷詠。則徘徊窗下。坡覺而推窗則其女踰牆而去。坡從而物色之曰吾當呼王郎與之子為媒。未幾而坡過海女遂卒。葬於沙灘側。坡回惠為賦此詞。張惠言詞選云。此東坡在黃州作鯤陽居士云。缺月刺明微也。漏斷暗時也。幽人不得志也。獨往來無助也。驚

詞品乙

卜算子

六

鴻賢人不安也。回頭愛君不忘也。無人省君不察也。揀盡寒枝不肯棲不傀安于高位也。寂寞沙洲冷非所安也。此詞與考槃詩極相似。

缺月掛疏桐漏斷人初靜時見幽人獨往來縹緲孤鴻影。
省揀盡寒枝不肯棲寂寞沙洲冷。
驚起卻回頭有恨無人

李呂卜算子

心空道亦空風靜林還靜捲盡浮雲月自明中有山河影。　供養及修行舊話成重省豆爆生蓮火裏時痛撥寒灰冷。

朱敦儒水調歌頭

中秋一輪月。只和舊青冥都緣人意須道

今夕別般明是處登臨開宴箏看吳歌楚

舞。沈醉到金尊各自心中事悲樂幾般情。

爛揪花鶴警露忽三更舞茵未捲玉繩

低轉便西傾認取眼前流景試看月歸何

處因甚有虧盈我自闔門睡高枕笑浮生。

辛稼軒水調歌頭

　盟鷗

帶湖吾甚愛千丈翠奩開。先生杖履無事。

一日走千囘。凡我同盟鷗鷺今日既盟之

詞品乙

水調歌頭

七

後來往莫相猜。白鶴在何處嘗試與偕來。

破青萍排翠藻立蒼苔窺魚笑汝癡計

不解舉吾杯。廢沼荒丘疇昔明月清風此

夜人世幾歡哀東岸綠陰少楊柳更須裁。

方岳水調歌頭

　別廬山題龍潮閣

宇宙一杯酒瞑色倚重湖青青杳杳何處

煙水渺愁予。別岸風濤噴薄半夜魚龍悲

嘯。能撼我詩無李白醉不醒喚起問何如。

是耶非。天芒蒼雪糢糊蒼顏白髮如此。

空復笑今五吁寄語問鷺朋鷗侶好在風餐水

太史慰康

盟鷗

一日去年孔非同盟甚疆，今日醉盟文，帶醉眉甚愛，干戈舉國開，未去家鄉無事。

辛棄疾　水龍吟

孤舟夢西南，感慨遊道新景，春民歸何，
賣困甚事，讀自圖門難，高林笑發書，
難於輕匣，金尊谷自一小中華，悲藥發養難，
令之思異登諸愚宗洋，青吳煌鷺，
中妹一鑪民只味舊冥諸絲人意，賀歡，
未達諸水臨煙顏。

空工賀笑今正己奇韶鸞思彫峽在風貧水
是即非天荅荅雲蘇鱗爵額白淺咸北
縠指鷺茺荅無奉白頭奧頭烈向烈
戲水煙燕气思尚風鸞賀蕪半亥魚諸悲
宇宙一体諸靈色重意青青杳同意
　　隱嵐山群荅諸靈靈
發來往莫世意自醉共酉寡醬諸來
類青荅殺降卒藥立茶林宣魚笑意信
不達舉吾林發詔立齊其巴壽思北
攻人甘發煙克東岑綠宜心聽帳東燕慈
古岳水臨煙顏

劉過水調歌頭

晚春 一作春半

春事能幾許密葉著青梅日高花困海棠風急想都開不惜春衣典盡只怕春光歸去片片點蒼苔能得幾時好追賞莫徘徊雨飄紅風換翠苦相催人生行樂且須痛飲莫辭杯坐則高談風月醉則恣眠芳草醒後亦佳哉湖上新亭好何事不曾來

汪莘水調歌頭

東坡云明月幾時有把酒問青天本於太白問月云青天有月來幾時太白云今人不見古時月本於抱朴子云今月不及古月之刖抱朴子言非綺語也深思而得之誠有此理嘉定元年中秋日圓賦水調其夜無月

聽說古時月皎潔勝今時今人但見今月也道似琉璃君看少年眸子那比嬰兒神彩投老又嗟悲明月不再盛玉斧亦何爲約東坡招太白試尋思憑誰所御裏面桂影數千枝憶在無懷天上仍向有虞宮殿看月到陳隋別有一輪月萬古沒成虧

宿底處不煙蕪吾亦從此逝從我者誰歟

詞品乙

水調歌頭

八

蘇軾 水調歌頭

歐陽文忠公嘗問予琴詩何者最善

答以退之穎師琴詩最善公曰此詩

最奇麗然非聽琴乃聽琵琶也余深

然之建安章質夫家善琵琶者乞為

歌詞余久不作特取退之詞稍加檃

栝便就聲律以遺之。

昵昵兒女語燈火夜微明恩冤爾汝來去

彈指淚和聲忽變軒昂勇士一鼓填然作

氣千里不留行。回首暮雲遠飛絮攪青冥。

眾禽裏真彩鳳獨不鳴躋攀寸步千險

詞品乙

水調歌頭六

九

蘇軾水調歌頭

余去歲在東武作水調歌頭以寄子

由今年于由相從彭城百餘日過中

秋而去作曲以別余以其語過悲乃

為和之其意以不早退為我以退而

相從之樂為慰云耳。

一落百尋輕攪子指間風雨置我胸中冰

炭起坐不能平。推手從君去無淚與君傾。

安石在東海從事鬢驚秋中年親友難別。

絲竹緩離愁。一旦功成名遂準擬東還海

道扶病入西州。雅志因軒晃遺恨寄滄州。

環滁皆山也。其西南諸峰，林壑尤美，望之蔚然而深秀者，琅琊也。山行六七里，漸聞水聲潺潺，而瀉出於兩峰之間者，釀泉也。峰回路轉，有亭翼然臨於泉上者，醉翁亭也。作亭者誰？山之僧智僊也。名之者誰？太守自謂也。太守與客來飲於此，飲少輒醉，而年又最高，故自號曰醉翁也。醉翁之意不在酒，在乎山水之間也。山水之樂，得之心而寓之酒也。

若夫日出而林霏開，雲歸而巖穴暝，晦明變化者，山間之朝暮也。野芳發而幽香，佳木秀而繁陰，風霜高潔，水落而石出者，山間之四時也。朝而往，暮而歸，四時之景不同，而樂亦無窮也。

至於負者歌於塗，行者休於樹，前者呼，後者應，傴僂提攜，往來而不絕者，滁人遊也。臨谿而漁，谿深而魚肥，釀泉為酒，泉香而酒洌，山肴野蔌，雜然而前陳者，太守宴也。宴酣之樂，非絲非竹，射者中，弈者勝，觥籌交錯，起坐而諠譁者，眾賓懽也。蒼顏白髮，頹然乎其間者，太守醉也。

已而夕陽在山，人影散亂，太守歸而賓客從也。樹林陰翳，鳴聲上下，遊人去而禽鳥樂也。然而禽鳥知山林之樂，而不知人之樂；人知從太守遊而樂，而不知太守之樂其樂也。醉能同其樂，醒能述以文者，太守也。太守謂誰？廬陵歐陽修也。

歲云暮須早，計要禍裟故鄉歸去千里。

佳處輙遲留我，醉歌時君和，醉倒須君扶。

我惟酒可忘憂，一任劉玄德，相對臥高樓。

中秋懷子由

明月幾時有，把酒問青天，不知天上宮闕，今夕是何年。我欲乘風歸去，又恐瓊樓玉字，高處不勝寒。起舞弄清影，何似在人間。

轉朱閣，低綺戶，照無眠。不應有恨，何事長向別時圓。人有悲歡離合，月有陰晴圓缺，此事古難全。但願人長久，千里共嬋娟。

朱敦儒 西江月

詞品乙 西江月

日日深杯酒滿，朝朝小圃花開。自歌自舞自開懷，且喜無拘無礙。

青史幾番春夢，紅塵多少奇才。不須計較與安排，領取如今現在。

琴上金星正照，視中鸝眼相青。開來自覺有精神，心海風恬浪靜。

且喜面前花好，更聽林外鶯新。甕頭青辣洞庭春，醉裏徐行路穩。

元是西都散漢，江南今日袞翁。從來頗怪更心風，做盡百般無用。

屈指八旬將到，回頭萬事皆空。雲開鴻雁草開蟲，哎其我一

般傲夢。

窮後常如囚繫老來半似心風饞蚊餓蚤

不相容。一夜何曾做夢。被我不扇不提。

廓然總是虛空寺鐘官角任西東別弄些

苦勞心萬事原來有命。　幸遇三杯酒好。

世事短如春夢人情薄似秋雲。不須計較

兒骨董。

晴未定。

況逢一朶花新片時歡笑且相親明日陰

滿載一船明月,平舖千里秋江波神唱我

張孝祥西江月

詞品乙　　　十一

西江月

陽樓上。

今朝露宿何妨。水晶宮裏奏霓裳準擬岳

看斜陽喚起鄰鄰細浪。　明日風回更妙。

蘇軾西江月

春夜行蘄水中過酒家飲酒醉乘月

至一溪橋上解鞍曲肱少休及覺已

曉亂山蔘蔥不謂人世也書此詞於

橋柱上

照野瀰瀰淺浪橫空暧暧微霄障泥未解

玉驄驕我欲醉眠芳草。　可惜一溪明月.

莫教踏碎瓊瑤解鞍欹枕綠楊橋杜字數

聲春曉。

宋自遜　西江月

何敢笑人干祿自知無分彈冠只將貧賤
博清閒。鬧取書遮老眼。世上風波任險。
門前路徑須寬。心無妄想夢魂安萬事鶴
長鳧短。

朱敦儒　減字木蘭花

無人惜我自殷勤憐這箇愍峭惺惺不
肯隨人獨自行。乾坤許大只在棘針尖
上坐。依舊多情摟著虛空睡到明。
虛空無礙你自癡迷不自在撒手遊行到

詞品乙

減字木蘭花

處笙歌擁路迎。天然美滿不用些兒心
計算莫聽先生引入深山百丈坑。
有何不可。依舊一枚閒底我。飯飽茶香瞌
睡之時知上林。

不破。小院低窗桃李花開春晝長。
年衰人老。齎鑠支離君莫笑。白日青天。我
自心情勝少年。

超凡入妙遊戲神通隨
意到酒聖詩仙。舞權虛空駕鐵船。

陳璀　減字木蘭花　一

華胥月色。萬水千山同一白。南北相望獨

醉香山舊草堂。淮岑妙境十載醺醺猶

未醒二腹便便讀春秋也愛眠。

李東陽　減字木蘭花

危峯欲墮巖背老翁方穩坐。落葉無聲樹
底風來了不驚。　祇緣詩癖縱有閒心閒
未得剛道忙來世事何曾一掛懷。

蘇軾　減字木蘭花

琴

神閒意定萬籟收聲天地靜玉指冰絃未
動宮商意已傳。　悲風流水寫出寥寥千
古意。歸去無眠。一夜餘音在耳邊。

蘇軾　臨江仙

夜飲東坡醒復醉歸來髣髴三更家僮鼻
息已雷鳴敲門都不應倚杖聽江聲。　長
恨此身非我有何時忘卻營營夜闌風靜
縠紋平。小舟從此逝滄海寄餘生。

陳與義　臨江仙

夜登小閣憶洛中舊遊

憶昔午橋橋上飲坐中多是豪英。長溝流
月去無聲杏花疏影裏吹笛到天明。　二
十餘年如一夢此身雖在堪驚閒登小閣
看新晴古今多少事漁唱起三更。

朱敦儒　臨江仙

堪笑一場顛倒夢。元來恰似浮雲。塵勞何事最相親。今朝忙到夜，過臘又逢春。　流水滔滔無住處，飛花忽忽西沈。世間誰是百年人。箇中須著眼，認取自家身。

生長西都逢化日，行歌不記流年。花間相過酒家眠。乘風遊二室，弄雪過三川。　莫笑衰容雙鬢改，自家風味依然。碧潭明月水中天。誰間如老子，不肯作神仙。

信取虛空無一物，箇中著甚商量。風頭緊後白雲忙。元無去住，雲自沒行藏。　莫聽古人閒語話，終歸失馬亡羊。自家腸肚自端詳。一齊都打碎，放出大圓光。

元好問　臨江仙

自洛陽往孟津道中作

今古北邙山下路，黃塵老盡英雄。人生長恨水長東。幽懷誰共語，遠目送歸鴻。　蓋世功名將底用，從前錯怨天公。活歌一曲酒千鐘。男兒行處是，未要論窮通。

韓世忠　臨江仙

香林園蘇帥虎尚書宴客晉飲醉刻立日謝以羊羔詞二首錄一

冬日青山瀟灑靜，春來山暖花濃少年衰

老與世間名利客。富貴興貧窮。榮
華不足長生藥。清閒不是死門風。勸君識
取主人翁。單方誠足味。盡在不言中。

張掄　朝中措

鳴榔驚起鷺鷥飛。山遠水瀰瀰。米賤菰蒲柴
酒美霜清螃蠏肥。　人生所貴逍遙快
意此外皆非。卻笑東山太傅。幾曾夢見簑
衣，

朱敦儒　朝中措

先生節杖是生涯。挑月更擔花。把住都無
憎愛放行總是煙霞。　飄然攜去。旗亭間
家。

詞品乙

朝中措

十五

酒蕭寺尋茶恰似。黃鸝無定不知飛到誰
夜來聽雪曉來看。驚失卻塵寰搖撼瓊林
玉樹心疑身是仙官。　乘風縹緲凌空徑
去不怕高寒。卻被孤鴻相勸何如且在人
間。

新來省悟一生癡。尋覓上天梯。拋失眼前
活計蹋翻暗裏危機。　莫言就錯真須悔
過休更遲疑要識天蘇隨味。元來四八是黃
齏。

登臨何處自銷憂。直北看揚州朱雀橋邊

晚市石頭城下新秋。昔人何在,悲涼故國,寂寞潮頭箇是一場春夢,長江不住東流。

陳瓘滿庭芳

贈劉跂子駿,子駿青州人,拄一拐,每歲必至洛陽看花,節范家園春盡即還。後又見於興國寺,以詩戲之,開遂拐大梁間,妙語時時見一般我欲從公蓬島去爛銀坑裏見青山。

乘興閒看洛陽花聞道輦紅最好春歸後橋木形骸浮雲身世,一年兩到京華,又還

終委泥沙忘言處,花開花謝,不似我生涯。年華。留不住,饑餐困睡,觸處為家遣輪明月,本自無瑕隨分冬裘夏葛都不會赤水黃芽,誰知我春風一拐,談笑有丹砂。

朱敦儒滿庭芳

鵬海風波鶴巢雲水夢我身寄塵寰老來窮健,無悶亦無歡隨分饑餐困睡,渾忘了秋熱春寒清平世閒人自在乘興訪溪山。魚竿。要老伴浮江載酒艤櫂觀瀾儕輕鷗假道,白鷺隨軒直到垂虹亭上驚怪我卻做仙官中秋月披襟四顧,不似在人閒。

蘇軾滿庭芳

蝸角虛名蠅頭小利算來著甚乾忙事皆
前定誰弱又誰強且趁閒身未老儘放我
些子疏狂。百年裏渾教是醉三萬六千場。
思量能幾許憂愁風雨一半相妨。又何
須祗死說短論長幸對清風皓月苜茵展
雲幔高張江南好千鐘美酒一曲滿庭芳。

自黃移汝臨别

歸去來兮吾歸何處萬里家在岷峨。百年
强半來日苦無多。坐見黃州載閒兒童盡
楚語吳歌山中友雞豚社飲相勸老東坡。

滿庭芳

云何當此際人生底事來往如梭待閒
看秋風浴水清波好在堂前細柳應念我
莫剪柔柯仍傳語江南父老時與曬漁蓑。

蒙恩放歸羨陽作

歸去來兮清溪無底上有千刃嵯峨畫橋
西畔天遠夕陽多。老去君恩未報空回首
彈鋏悲歌船頭轉長風萬里歸馬駐平坡。
無何何處是銀漢盡處天女停梭閒人
開何事久戲風波顧間同來稈子應爛汝
腰下長柯青衫破羣仙笑我千縷掛煙簑。

戴復古清平樂

今朝欲去復有人留處說與江頭楊柳樹

繫我扁舟且住。十分酒興詩腸難禁冷

落秋光借取春風一笑狂夫到老猶狂。

張炎清平樂
題范耕圖

聽徧江南春雨。
歸來茅屋三間桃花溪

狂歌醉舞俯仰成今古。短髮蕭蕭繞幾縷

楊基清平樂

水忘歸莫飲山中清味怕教洗耳人知。

老子近來慵跨。煙樹草樹離離臥看流

一犂初到息影斜陽下。角上漢書何不卦。

詞品乙
清平樂

十六

辛棄疾清平樂

水潺潺莫向窗前種竹先生要看西山。

詞綜題爲獨宿博山王氏庵

繞床饑鼠蝙蝠翻燈舞屋上松風吹急雨。

破紙窗間自語。平生塞北江南歸來華

髮蒼顏布被秋宵夢覺眼前萬里江山。

辛棄疾清平樂

芽簹低小溪上青草。醉裏吳音相媚好。

白髮誰家翁媼。大兒鋤豆溪東中兒正

纖雞籠最喜小兒亡賴溪頭看剝蓮蓬。

汪莘浪淘沙

清平樂

清平樂

〔又一體〕

十六

清平樂

清平樂

天末起涼風雲氣恩恩如今何處有英雄。

獨佩一壺溪上去秋水澄空。絕壁聳雲

中倒挂青松醉歌漢殿與秦宮日現山西

電不住目送飛鴻。

辛棄疾浪淘沙

山寺夜半聞鐘

身世酒杯中。萬事皆空古來三五箇英雄。

雨打風吹何處是漢殿秦宮。夢入少年

叢歌舞匆匆老僧夜半誤鳴鐘驚起西窗

眠不得捲地西風。

詞品乙

浪淘沙

賦虞美人

不肯過江東。玉帳匆匆只今草木憶英雄。

唱著虞兮當日曲便舞春風。兒女此情

同。往事朦朧湘娥竹上淚痕濃舜目重瞳

堪痛恨羽又重瞳。

呂巖浪淘沙

我有屋三椽住在靈源無遮四壁任蕭然。

萬象森羅爲斗拱瓦蓋青天。無漏得多

年結就因緣修成功行滿三千。降得火龍

伏得虎陸地神仙。

周文璞浪淘沙

十九

題酒家壁

還了酒家錢便好安眠大槐宮裏着貂蟬。

行到江南知是夢雪壓漁舡。磬薄古梅
邊。起是前緣鵝黃雪白又醒然。一事最宜

君記取明日新年。

辛稼軒南歌子

山中夜坐

世事從頭減秋懷徹底清夜深猶送枕邊

聲。試問清溪底事未能平。月到愁邊白。

雜先遠處鳴是中無有利利名因甚山前。

未曉有人行。

南歌子　行香子

二十

獨坐蕉庵

玄入參同契禪依不二門細看斜日隙中

塵。始覺人間何處不紛紛。病笑春先到。

開知嬾是真百般啼鳥苦撩人除御提壺。

此外不堪聞。

新開池戲作

散髮披襟處浮瓜沈李時涓涓流水細侵

階鑿箇池兒喚箇月兒來。畫棟頻搖動。

紅蕖盡倒開闌勻紅粉照香腮有箇人人。

把做鏡兒猜。

天目中峰行香子

短短橫牆矮矮疏窗。一方兒小小池塘。高低疊嶂曲水邊旁也有些風有些香。日用家常竹几籐床儘眼前水色山光客來無酒清話何妨但細烹茶淨洗盞。滾燒湯。

閒苑瀛洲金谷瓊樓算不如茅舍清幽野花繡地莫也風流卻也宜春也宜夏也宜秋。酒熟堪篘客至須留更無榮無辱無憂退閒是好著甚來出但倦時眠渴時飲醉時謳。

水竹之居吾愛吾廬石粼粼亂砌階除軒

詞品乙

行香子　念奴嬌

胸隨意小巧規模卻也清幽也瀟灑也安舒。嬾散無拘此等何如倚闌干臨水觀魚。風花雪月嬴得工夫好姓些香圖此畫。讀些書。

朱敦儒念奴嬌

老來可喜是歷編人間諸知物外看透空虛將恨海愁山一時捼碎免被花迷不寫酒困到處惺惺地飽來覓睡睡起逢場作戲。休說古往今來乃翁心裏沒許多般事。也不蘄仙不佞佛不學棲棲孔子懶共賢爭從教他笑如此只如此雜劇打了戲

二十一

衫脫與獸底。

鄭域念奴嬌

戊午生日作

嗟來咄去被天公把做小兒調戲蹀雪龍
庭歸未久還促炎州行李不半年間北胡
南越一萬三千里征衫著破著杉人可知
矣。休問海角天涯黃蕉丹荔自足供甘
旨泛綠依紅無箇事時舞斑衣而已救蟻
籐橋養魚盆沼是亦經綸耳伊周安在且
須學老萊子。

朱敦儒感皇恩

游□□園感舊二首之一

一箇小園兒兩三畝地花竹隨宜旋裝綴。
槿籬茅舍便有山家風味等閒池上飲林
閒醉。都為自家胸中無事風景爭來趁
游戲稱心如意騰活人閒幾歲洞天誰道
在塵寰外。

辛稼軒感皇恩

山居客至

白露園蔬碧水溪魚笑先生釣罷還鋤小
窗高卧風展殘書看北山移盤谷序輞川
圖。白飯青蒭赤腳長鬚客來時酒盡重

沽聽風聽雨。吾愛吾廬。歎苦無、心剛自瘦。

此君疏。

吳徵驀山溪

效樵歌體

清晨早起。小閣遙山翠。顏面整冠巾問寢

罷安排菽水隨家豐儉不羡五侯鯖輭煮

肉熟炊秔適意為甘旨。中庭散步。一霎

雲濤細道邅迤竹洲中坐息與行歌隨意遶

過酒熟呼喚社中人花下石水邊亭醉便

頹然睡。

吳徵驀山溪

詞品乙

驀山溪　昭君怨

林園何有修竹擁蒼翠春到小桃蹊看綠

滿一池春水花開日暖見娃競追隨挑野

蕨綱溪魚有酒多且旨。去來聚散無必

亦無意說地或談天夷休間語言粗細誰

強誰弱誰是又誰非過去事未來事一枕

騰騰睡。

楊萬里昭君怨

賦松上鷗曉飲誠齋忽有一鷗來泊

松上已而復去感而號之

偶聽松梢撲鹿知是沙鷗來宿稚子莫喧

嘩。恐驚他。　俄傾忽然飛去。飛去不知何

二三

處我已乞歸休報沙鷗。

詠荷上雨

午夢扁舟花底。香滿西湖煙水急雨打篷聲。夢初驚。卻是池荷跳雨散了真珠還

聚聚作水銀窩瀉清波。

把芙蓉。紫陽山下偶相逢醉金鍾跨蒼

愁相對景重重目斷大羅天上客朝玉帝。

鷓鴣聲裏別江東綠陰中夕陽紅。一點離

汪莘　江城子　　方壺詩餘題爲再贈孟使君

龍歸去故山猶帶白雲封。澗日桃花如恨

詞品乙

江城子　水龍吟

我飄滿地。任春風。

蔡珪　江城子

王溫季自北都歸

鵲聲逢客到庭除門誰歟故人車。千里歸

來。塵色半征裾珍重主人留客意奴白飯

馬青芻。

東城入眼杏千株。雪模糊俯平

湖與子花間隨分倒金壺歸報東垣詩社

友智念我醉狂無。

劉克莊　水龍吟

自和前韻二首

山翁一榻蕭然不知世有歡娛事雀羅庭

三六

院。載酌客去催租人至報答秋光要此二酒
量。要此二詩田思奈長鯨罷吸寒蛩息響茶甌
外惟貪睡。窮巷幸無干贄或相遇莫知
誰氏柴門草戶關人守舍任伊題字自和
山歌國風之變離騷之裔間待從今去願年
年強健插花高會。

劉克莊　水龍吟

己亥自壽

年年歲歲今朝左弧懸罷渾無事吾衰久
矣我辰安在老之將至懶寫京書怕看除
日敗人佳思把東籬掩定北窗開了。悠然

水龍吟　賀新郎

酌頹然睡。客有過門投贄道先生訪華
晉氏誰能辛苦陪他綺語記他奇字屈指
先賢戴花老監豈其苗裔待異時約取寬
夫彥國入者英會。

辛稼軒賀新郎

邑中園亭僕皆為賦此詞一日獨坐
停雲水聲山色競來相娛音心溪山欲
授例者遂作數語庶幾彷彿淵明思
親友之意云。

甚矣吾衰矣悵平生交游零落只今餘幾。
白髮空垂三千丈一笑人間萬事。問何物。

能令公喜我見青山多嫵媚料青山見我
應如是情與貌畧相似。一尊搔首東窗
裏想淵明停雲詩就此時風味。江左沈酣
求明者豈識濁膠妙理回首叫雲飛風起。
不恨古人吾不見恨古人不見吾狂耳。知
我者二三子。

蘇軾賀新郎

余倅杭日府僚湖中高會羣妓畢集。
惟秀蘭不來營將督之再三乃來僕
問其故答曰沐浴倦臥忽有扣門聲
急起詢之乃營將催督怱遽整妝趨命。

詞品乙　　　　　　　　　　　　三六

賀新郎

不覺稍遲時府僚有屬意於蘭者見
其不來恚恨不已云必有私事秀蘭
含淚力辨而僕亦從旁冷語陰為之
解府僚終不釋然也滴檐花開盛遊。秀
蘭以一枝藉手膝座中府僚愈怒責
其不恭秀蘭進退無據但低首飲涙
而已僕乃作一曲名賀新涼令秀蘭
歌以侑觴聲容妙絕府僚大悅劇飲
而罷能一

乳燕飛華屋悄無人桐陰轉午晚涼新浴。
手弄生綃白團扇扇手一時似玉漸困歆。

孤眠清熟簾外誰來推繡戶枉教人夢斷

瑤臺曲那是風敲竹。石櫚半吐紅巾

麼待浮花浪蕊都盡伴君幽獨穠艷一枝

細看取芳心千重似束。又恐被秋風驚綠。

若待得君來向此花前對酒不忍觸其粉

淚雨蔌蔌。

蘇軾如夢令

元豐十年十二月十八日浴泗州雍

熙塔下戲作如夢令闋此曲本唐莊

宗製名憶仙姿嫌其名不雅故改為

如夢令蓋莊宗作此詞卒章云如夢

如夢和淚出門相送囧取以為名。

水垢何曾相受細看兩俱無有寄語揩背

人盡日勞君揮肘輕手輕手居士本來無

垢。

朱敦儒如夢令

眞簡先生愛睡睡裏百般滋味轉面又翻

身隨意十方遊戲遊戲遊戲到了元無一

事。

王安石南鄉子

嗟見世間人但有纖毫即是塵不住舊時

無相貌沈淪祇為從來認識神。作磨有

親。我自降魔轉法輪。不是攝。心除妄想。

求眞幻化空身即法身。

蘇軾點絳唇

杭州

獨倚胡床。瘦公樓外峯千朵與誰同坐明

月清風我。 別乘一來。有唱應須利還知

麼。自從添箇風月平分破。

朱敦儒雙鷓鴣

拂破秋江煙碧。一對雙飛鸂鶒。應是遠來

無力。梢下相偎砂磧。 小艇誰吹橫笛驚

起不知消息。悔不當時描得。如今何處尋

覓。

詞品乙

雙鷓鴣　柳梢青　漁家傲

二八九

辛棄疾柳梢青

三山歸途代白鷗見嘲

白鳥相迎。相憐相笑。滿面塵埃。華髮蒼顏。

去時曾勸。須早歸來。 而今豈是高懷爲

千望蓴羹計哉。好把移文從今日。讀取

千回。

蘇軾漁家傲

賞心亭詳送客

千古龍蟠並虎踞從公一弔與亡七處渺渺

斜風吹細雨芳草渡江南炎老罷公住。

公駕飛車凌彩霧，紅鷺騘乘青鸞馭鶴翼

此洲名白鷺，非吾侶。翻然欲下還飛去。

辛稼軒鵲橋仙

贈鷺鷥

溪邊白鷺來。吾告汝、溪裏魚兒見堪數主憐

汝。汝又憐魚、要物我欣然一處。白沙遠

蒲青泥別渚、剩有鰕跳鰍舞。聽君飛去飽

時來。看頭上風吹一縷。

劉因風中柳

飲山亭雷宿

我本漁樵。不是白駒空谷對西山悠然自

詞品乙

鵲橋仙　風中柳　柳　曉角

足。北窗疏竹南窗叢菊。愛邨居數間茅屋。

風煙草履滿意一川平綠，問前溪今朝

酒熟幽禽歌曲清泉琴筑欲歸來故人畱

宿。

朱敦儒柳枝

江南岸。柳枝江北岸。柳枝折送行人無盡

時。恨分離柳枝酒一杯。柳枝淚雙垂。柳

枝君到長安百事違幾時歸。柳枝

蔣捷霜天曉角

折花

人影窗紗是誰來折花。折則從他折去知

折去向誰家。簷牙枝最佳。折時高折些二。

說與折花人道。須插向鬢邊斜。

李呂鳳棲梧

一歲光陰寒廿六暑。一日光陰只箇朝還暮。

有物分明能喚寤。曉鐘晨角君聽取。攝

膠膠勞百慮究竟思量沒箇相干處。只八

有一般攜得去世人喚作閒家具。

元好問聲聲慢

教老子婆婆任人笑風雲氣少。見女情多。

新詩買斷古木滄波山中一花一草也畫

林閒雞犬。江上郵墟。扁舟處處經過。袖裏

喜紅塵不到漁蓑。一尊酒喚元龍來聽活

歌。

不待求田問舍。被朝吟暮醉慣得蹉跎。

百尺高樓。更問平地。如何朝來斜風細雨。

辛稼軒一枝花
醉中戲作

千丈擎天手。萬卷懸河口。黃金腰下印大

如斗。更千騎弓刀。揮霍遍前後。百計千方

久似鬭草兒童。贏箇他家偏有。算柸了。

雙眉長皺白髮空回首那時閒說向山中

友看丘壟牛羊。更辨賢愚否且白裁花柳。

三十三

辛稼軒　永遇樂

枕有人來但只道今朝病酒。

檢校停雲新種杉松戲作時欲作親
舊報書紙筆傭為大風吹去末章
及之。

投老空山萬松手種政爾堪嘆何日成陰
吾年有幾似見兒孫晚吾來池館雲煙草
棘長使後人淒斷想當年良辰已恨夜闌
酒空人散。停雲高處誰知老子萬事不
關心眼夢裏東窗聊復爾爾起欲題書簡。
霎時風怒倒翻筆硯天地只教吾懶又何
事催詩急雨片雲斗暗。

王觀　紅芍藥

人生百歲七十稀少更餘十年孩童小大
十年昏老都來五十載一半被睡魔分了。
那二十五載之中寧無些個煩惱。仔細
思量好追歡及早遇酒逢花堪笑傲任玉
山傾倒。對酒且沈醉人生似露垂芳草莘
新來有酒鴟夷要結千秋歌笑。

方岳　眼兒媚

霜天雁帶幾多愁和月落滄洲樺花如許。

菊花如許怎不悲秋。湖山例合閒人管
也白幾人頭去去年曾此今年曾此煙雨孤
舟。

蔣捷　一剪梅　舟過吳江

一片春愁待酒澆江上舟搖樓上帘招秋
娘渡與泰娘嬌，風又飄飄雨又蕭蕭。何
日歸家洗客袍銀字笙調，心字香燒流光
容易把人抛紅了櫻桃綠了芭蕉。

陳與義　虞美人
大光祖席醉中賦長短句

詞品乙

一剪梅　虞美人　祝英臺近

張帆欲去仍搔首更醉君家酒吟詩日日
待春風及至桃花開後卻恩恩。歌聲頻
為行人唱記著尊前雪明朝酒醒大江流。
滿載一船離恨向衡州。

陳亮　祝英臺近
六月十一日送葉正則如江陵

駕扁舟衝劇暑千里江山去夜宿晨與一
一舊時路百年忘了白頭被人鏡破故紙
裏是爭雄處。怎生訴欲待細與分疏其
如有憑據包裹生魚活底怎遭遇相逢尊
酒何時征衫容易君去也白家須住。

三三

蘇軾八聲甘州

有情風萬里卷潮來。無情送潮歸。間錢塘
江上西興浦口。幾度斜暉。不用思量今古。
俯仰昔人非。誰似東坡老。白首忘機。記
取西湖西畔。正暮山好處。空翠煙霏算詩
人相得如我與君稀約他年東還海道願我
謝公雅志莫相違西州路不應回首為我
沾衣。

范仲淹剔銀燈
　與歐陽公席上分題

昨夜因看蜀志笑曹操孫權劉備用盡機

八聲甘州　剔銀燈　將進酒

三三

關。徒勞心力。只得三分天地屈指細尋思。
爭如共劉伶一醉。人世都無百歲少癡
騃老成尫悴只有中間些子少年忍把浮
名牽繫。一品與千金間白髮如何回避。

賀鑄將進酒
　亦名小梅花

城下路淒風露今人犁田古人墓岸頭沙。
帶蒹葭漫漫昔時流水今人家黃埃赤日
長安道倦客無漿馬無草開函關掩函關。
千古如何不見一人閒。六國擾二秦崤
初謂商山遺四老驅單車。致纖書列裂賁何焚火

芰荷裒武曳長裾，高流端得酒中趣，深入醉鄉安穩處。生亡忘形，死亡忘名，誰論二豪。初一不數劉伶。

朱敦儒　蘇幕遮

瘦仙人，窮活計。不養丹砂，不肯參同契。兩頓家餐三覺睡。閉着門，不管人閒事。

又經年，知幾歲。老屋穿空，幸有天遮蔽。不飲香醪常似醉。白鶴飛來，笑我顛顛地。

朱敦儒　憶帝京

聽他強娶爭工巧，只爲武惺惺，惹盡閒煩惱。元來老子曾垂教，挫銳和光爲妙。因甚不

詞品乙

蘇幕遮　憶帝京　憶故人

惱。你但莫多愁早老。你但且、不分不曉。第一隨風便倒拖，第二君言亦大好。管取沒人嫌，總道先生俏。

朱敦儒　桃源憶故人

誰能罷得朱顏住。枉了百般辛苦。爭似蕭然無慮，任運隨緣去。人人放着道遙路。只怕君心不悟。彈指百年今古，有甚成虧處。

朱敦儒　訴衷情

月中玉兔日中鴉，隨我度年華。不管寒暄風雨，飽飯熱煎茶。居士竹，故侯瓜，老生

涯。自然天地。本分雲山。到處爲家。

朱敦儒蜂蝶令

試看何時有元來總是空。丹砂只在酒杯中。看取乃公。雙頰照人紅。

花外莊周蝶松閒藥寇風古人漫爾說西東。何似自家。識取賣油翁。

朱敦儒相見歡

秋風又到人間葉珊珊。四壁煙波無盡欠青山。浮生事長江水。幾時閒幸是古來如此且開顏。

黃玉林酹江月

訴衷情　蜂蝶令　相見歡　酹江月

五古盧何有有一灣蓮蕩數間茅字斷甕疏籬聊補茸那得粉牆朱戶。禾黍西風雞豚曉日活脫田家趣客來茶罷自挑野菜同煮。多少甲第連雲。十眉環座八醉黃金塢回首邯鄲春夢破零落珠歌翠舞得似衰翁蕭然陋巷長作溪山主紫芝可採更尋巖谷深處。

詞品 乙

陶冶公歐陽浚明陳篔如恪元五鵑
超如元四十周孟如元三十張茂芹虞
愚舒炎凡香積厨各十元二施賞三百
元敬刻韻品乙連圈計字一萬一
千八百七十六個簽面尾葉其支
國幣一千三百三十六元正不足一千
零三十六元由黃曬科敬刻
歐陽大師內外學餘歛撥付
民國卅一年八月內學院蜀院識

圖書在版編目（ＣＩＰ）數據

歐陽竟無內外學：全31冊 / 歐陽竟無著. －－上海：
上海社會科學院出版社, 2014
ISBN 978-7-5520-0601-8

Ⅰ.①歐… Ⅱ.①歐… Ⅲ.①佛教－文集 Ⅳ.
①B948-53

中國版本圖書館CIP數據核字(2014)第093647號

特約策劃：黃曙輝

企　劃：鄔中華

含珠閣出品

江西文獻叢刊

歐陽竟無內外學（五函三十一冊）

出版　上海社會科學院出版社

印刷　江西含珠閣文化傳播有限公司
（江西省鉛山縣工業園區八路）

裝訂

用紙　鉛山連四紙

版次　二〇一四年六月第一版第一次印刷

定價　陸仟玖佰捌拾圓

ISBN 978-7-5520-0601-8

9 787552 006018 >

ISBN 978-7-5520-0601-8

图书在版编目（CIP）数据

般若窥秘内净学：全3册 / 释圆觉编著. —上海：
上海社会科学院出版社，2014
ISBN 978-7-5520-0601-8

Ⅰ.①般… Ⅱ.①释… Ⅲ.①佛教-文集 Ⅳ.
①B948-53

中国版本图书馆CIP数据核字(2014)第093647号

责任编辑：黄晓丽

金　　晖

题　字：释中华

合米图出品

般若窥秘内净学（全3册共三十二册）

出　　版　上海社会科学院出版社

印　　刷　江西金彩虹光电科技有限公司

装　订　　江西金彩虹光电科技有限公司

开　　本　787×1092毫米

版　　次　二〇一四年岁次甲午年一次出版

定　　价　每三册精装壹套

ISBN 978-7-5520-0601-8